아픈 이름을 위하여

배영숙 시집

문학의전당 시인선
218

아픈 이름을 위하여

배영숙 시집

문학의전당

시인의 말

날마다 새로운 꿈을 꿉니다.

나이 들면서 아직 하고 싶은 일이 많으니 청춘이 부럽지 않습니다. 가끔은 가슴앓이로 힘겨울 때도 있지만 그래도 살아 있음은 늘 설렘을 동반하여 자극을 주니 이 또한 축복입니다. 촌음의 시간도 헛되이 살고 싶지 않은 까닭입니다.

행복은 찾아오는 것이 아니라 찾아가는, 주체적인 것임을 깨닫기까지 많은 시간이 소비되었지만 그 과정을 통해 얻은 소중한 체험은 분명 인생의 자양분이 되었을 것이라 확신합니다. 욕심을 내려놓으니 세상을 바라보는 눈이 더욱 넓어져 긍정의 마인드로 미래를 열 수 있는 용기도 생깁니다.

시구(詩句)를 빌려 표현하자면 '차 한 잔에 마음을 가두고' 마음을 단속하며 살겠습니다. 들풀처럼 사랑하며 살겠습니다.

2015년 겨울
정원이 아름다운 순천에서
배영숙

차례

제2부

제3부

제4부

제1부

고백

소금물에
밤(栗)을 담갔더니

멀쩡한 녀석들이
둥둥 떠오른다

보이지 않아도
양심을 선언한 녀석들이 부러워

내 마음도
사알짝 내려놓았다

언제쯤 나는
그들처럼 폐부를 고백할 수 있을까

네일 아트

작고 뭉툭하여
선뜻 내밀지 못한 손이
모처럼 호사를 누린다

줄 맞춰
열 손가락을
치장하고 나니

작은 정원이
손톱 가득
예쁘게 들어앉았다

면도

날마다
일어서는 꿈을
잘라내는 내가 무섭다

푸른 땅을 기억하는
민초들의 벌판을
싹둑싹둑 깎아내고

살겠다고
아우성치는 몸짓마저
외면하며

작은 땅조차
빼앗길세라
지독한 폭군이 되어간다

못

이삿짐을 보낸
빈집에서

나를 닮은
못을 보았다

반항하다
기형이 되어

따라가지 못하고
혼자 남아서

날카로운 비수를
제 몸으로 삭히고 있다

타인의 가슴에
대못이 되었을 내 언어도

어디쯤에서
저러고 있겠지

속죄하듯 못을 빼고 나서야
나는 조금 자유로워진다

농부 일기

빈농의 한숨이
늙은 아내의
관절염을 지키는 밤

눈치 없는 TV는
전세값 폭등을
반복하며 쏟아낸다

도시로 간 큰 놈은
지하 셋방에서
내일을 걱정할 텐데

구제역까지 찾아와
염장을 지르며
남은 의욕까지 앗아가 버리고

누렁이마저 가버렸다면
그 고통 어떻게 견뎠을꼬

매미 소리

빗줄기가 숨을 고른 한밤중
매미가 운다

아직 깨어 있는 자의
벗이 되고 싶어
불빛 따라 운다

울고 싶을 때
저렇게 목 놓아 울 수 있다면
얼마나 좋을까

말하지 못한
속울음을 대신해
그칠 줄 모르고 운다

잠 못 이루는 밤이
깊어갈수록
매미는 내 안에서 더 크게 운다

까막눈을 고백하다

까막눈을 시대의 아픔이라 여기며
많이 부끄러워하지 않았다

모르면 모르는 대로
물어가면서
조금 천천히 가면 될 일이었다

어느 날
살붙이가 모두 집을 떠나고서야
까막눈이 슬퍼졌다

내 나이 쉰하고 스물
호미를 연필 삼고
밭이랑을 공책 삼아
가갸거겨를 쓴다

은행 창구에서
입출금을 하고

고지서를 해독할 날을 생각하니

푸석푸석한 몸에서
쿵쾅쿵쾅
심장 뛰는 소리가 난다

가산댁

찬밥으로 요기 하고 행상 나온 가산댁을
버스는 짐이 많다고 투덜대며 그냥 지나쳐 간다

몇 시간을 붙박이로 서서 다른 차를 얻어 타고 나서야
온몸에 소름처럼 돋는 서러움

고샅을 누비며 멸치 사라고 외쳐도
보따리만 흔들릴 뿐 듣는 이 없고

인정 넘치는 오지도
트럭이 점령하여 더 이상 갈 곳이 없는 가산댁

난치병인 막내딸이 아른거려
'좋은 멸치가 왔어요' 진액까지 뽑아내도

인적 대신 개 짖는 소리만
요란해지는 해질녘

관절 앓는 다리가 쑥쑥 아려 와

서둘러 돌아오면

빈집엔 냉기를 더한 어둠만 넋을 놓고 기다린다

간이역에서

인적 드문 간이역에서
무작정 열차를 기다리는 날이면

오래된 향나무에
반쯤 걸린 추억이

낡은 선로를 지나
가슴 뛰던 대합실로 달음질을 한다

오지 않을 사람인 줄 알면서도
염치없이 도지는 욕심은

낯선 사람들의
옷자락에서도 얼굴을 내밀고

꽉 문 어금니 사이를 빠져나와
주인 잃은 벤치를 하염없이 지키고 있다

다육 식물

다육이를 데려와
베란다에 살림을 내줬다

햇볕 드는 곳으로만
촉수를 내놓는 다육이

고개가 비뚤어지면 어떻고
허리가 구부정하면 어떠하리

생긴 대로 마음을 표현하는
녀석들이 오히려 부럽다

문신

새벽에 일어나
정갈하게 하루를 연다

원죄를 따라오는
냉기가 무섭지만

차 한 잔에 가슴 데워
조각난 마음을 덧대고 나니

방치한 시간보다
꿰맨 자국이 오히려 아파온다

내 것이 아니고
네 것이 아닐 바엔

서로의 심장을
수없이 오가는 화살촉으로

한 땀 한 땀
너의 이름에 문신을 한다

대나무

빈 가슴을 바람으로 채우고 있어
대숲에서는
바람이 제 소리를 내지 못한다

곡절 많은 사연이
켜켜이 쌓여도
마디마디
외고집으로 비워내고

서러운 일상을 곰삭혀서
푸른 언어로
빚어내는 대나무

오늘은
어떤 사내의
회오리 같은 가슴에
죽순 하나 몰래 심어 두었다

가계부

명상하듯
가계부를 마주하면

빼곡히 들어간 숫자만큼
소진되는 에너지

씀씀이를 줄이라는
가혹한 과제가

가난살이
마다하지 않은

지난 시간을
한숨으로 바꾸어놓는다

가정방문

황사가 기승을 부리는 날
가정방문을 간다

오라는 곳은 없어도
갈 곳이 많아
서둘러 찾아가는 곳

초인종 소리만 요란한 채
부재를 알리는
침묵만이 흐르고

어쩌다 문이 열린 좁은 아파트엔
어지럽게 뒹굴고 있는
일상의 흔적들

경제적인 것과는
너무 먼 곳에 있는 아이들이,
부모의 관심으로부터

외면당한 아이들이

학원 간 친구들이
돌아올 때까지
공터에서
거친 호흡으로 논다

감기

허락도 없이
온몸에 열꽃을 피웠다

쉼 없는 물시위로
입술은 힘을 잃고

편도는 제 몸집을 불려
주문을 외운다

제어할 수 없는 신열로
불안한 마음결을

다독이며 재워도
잠들지 못하고

지친 하루만
쉬었다 간다

제2부

순천만 8
— 어부

노을빛에 달아오른 바다를 닮아
애먼 총각까지 부산해지는
해질녘

늦은 귀가를 서두르는 작은 배엔
몰래 숨어든 바람만
가득하다

늙은 선장의
구수한 남도가락에
바람이 춤을 추고
막걸리마저 흔들리면

고샅까지
바다를 몰고 간 사람들은
취기를 달래며
만선을 꿈꾼다

순천만 9
—화포 해넘이

바다가 만삭이다

태동으로 오는 물길에
현기증을 느끼고도

해산을 걱정하여
다시 출렁이는 바다

예민한 갈꽃이
유순해진 날에

화포에서 사알짝
몸 풀고 나면

벌건 수면에
생명이 번뜩인다

순천만 10
—밤

바람이 한 번씩 뒤척일 때마다
갈대들이 일제히 퍼포먼스를 한다

소리 없이 길을 낸 갯물에
홍건히 내려앉은 달빛을 타고

베어진 가슴팍 내밀며
반쪽을 찾는 거친 숨소리

칠면초까지 깨금발로 나와
구경을 하는데

순천만은 모른 척
잔기침만 한다

순천만 11
—게

안개에 갇힌 갈대가
비수를 숨긴 채 사라지니
등줄기에 내려앉은 찬 기운으로
몸살 앓는 것들이 많아지는 순천만

잔걸음으로
일상을 시작하는 게 무리만 분주하다
네모난 풍경을 탈출한
단원 김홍도의 게일까

권력 앞에서도
제 모습대로 당당히 살라며
선물했던 게가
옹근대로 살려고
남으로 남으로 내려왔을까

줏대 없이
흔들리는 사람이 많아진 요즘

순천만에 가면

게뿐만 아니라

게 같은 사람도 만날 수 있다

순천만 12
—낚시

잔잔한 수면에
욕심이 꿈틀거린다

탐색을 시작한 갈고리를 피해
무리 지어 제 집을
떠나는 행렬

사내의 시퍼런 힘줄이
담배 연기에 젖을 쯤

물길을 빠져나온
철모르는 포로들이

좁은 철창에 갇혀
온몸으로 항거하고 있다

순천만 13

— 취중(醉中) 한담(閑談)

밤바람에
실려 온 갈 소리

갯가에 발을 묻고
심장에 노크를 한다

수많은 애증이 울음을 타다
바이없이 떠난 자리에서

달빛에 무너지며
쉼 없이 이어지는 취중(醉中) 한담(閑談)

제주에서 이중섭을 만나다

바다에 마음 씻어가며
가난살이 마다않는 예술혼에
수없이 펄럭였을 깃발이
언덕바지에서 아직 흔들리고 있습니다

여물지 못한 꿈으로
빈곳이 많아도
서로의 벗바리가 되고 싶은 이 있었는데

끝끝내 외로움
치유하지 못하고
바람의 길로 떠난 젊은 영혼이여

오늘은 세월 지난
해풍 데려와
올레길 걸으며
그대인 듯 온기 전하고 싶습니다

연꽃

천상에 어떤 그리움 두고 왔을까

그렁그렁한 눈물로
작은 섬을 만들어
출렁이는 아픔마저
다독이며 산다

때로는
제 것 모두 바치며
비우고 또 비워도
끝없이
차오르는 열망

가슴에
하얀 등불을 켜고
간절히 기다리는
인연은 어디쯤 오고 있을까

아픈 이름을 위하여

석양이 내려앉은 바다는
끝없이 차오르는 마음을
태워서 가둔다
마음 가는 대로 살고 싶어
경계를 기웃거리면
한 사람에게만 송전되는 마음
알고 있다는 듯
너른 뻘밭에 물시위하며
가로질러 온다

염치도 없이 도지는 그리움도
어머니의 생명과 같은
바다와 마주하면
잠시 머뭇거리기도 하나
잘라내고 또 잘라내도
시멘트 바닥에 뿌리내린 잡초처럼
땅을 넓혀가는 나의 사랑아

그만 아파하자
물살도 아프다

내일
또 내일
무거운 삶의 더께가 사라지면
빛살 고운 날 함께하리니
심장 속 깊은 마당에
우리의 역사를
슬프게 기록하지 말자

그만 아파하자
바람도 아프다

사다리를 놓습니다

그리움이
깊어지는 날이면
그대에게 가는
사다리를 놓습니다

너무 멀리 있어
한 번에 닿지 못해도
직조하듯
그대라는 섬으로 갑니다

출렁이지 않게
소리 나지 않게
그대에게
가는 길을 닦습니다

때로는
삐거덕거리고
멀어서

흔들릴지라도

그대와 나

하나 되는 날까지

조용히

사다리를 놓습니다

들풀처럼 사랑하고 싶다

초침처럼 잦아진
불면의 밤이면

또렷하게 다가오는
슬픈 이름 하나

씨줄 날줄 틈새마다
사랑을 수놓아도

눈물살이 되어버린
섧은 인연이여

아!
여름날 들풀처럼
사랑할 수 없을까?

나무가 되어

그대가
마음속으로 걸어오는 날

남몰래
한 그루 나무를 심었다

여린 속살이 무딘 땅에
아프게 뿌리내려

눈물로
조금씩 키운 나무는

단단한
옹이가 박힌 채

삐딱하게 서서
바람에 흔들리고 있다

당신은 누구십니까

—조용필 콘서트를 다녀와서

가슴에
작은 나무 심어
조금씩 키우는
당신은 누구십니까?

물오른 잎사귀마다
뜨거운 입맞춤으로
화인을 남긴
당신은 또 누구십니까?

젖은 목소리로
체관을 온통
절규로 채웠다가

끝내
말초신경까지 흥분시키는
당신은 진정 누구십니까?

낮달로 와서

맑은 하늘 허연 낮달이
그를 닮았다

한때는
너울처럼 무섭게 사랑했고
가난의 눈물마저
희망이었는데

바람처럼 떠났다가
불쑥불쑥
낮달로 오는 그대

있는 듯 없는 듯
없는 듯 있는 듯

아픈 기억을
자꾸 재생해낸다

넝쿨

서슬 푸른
여름날의 넝쿨은

홀로 서지 못해
모반(謀反)을 꿈꾼다

네 것을 탐내어
네가 되었다가

때로는
목숨을 위협해

야금야금
영토를 넓히는 무사가 된다

내 욕심이
담을 넘고

내 사랑이
치열할수록

시뻘건 속내를
드러내며

농염하게 유혹하는
붉은 무희도 된다

그대에게 가는 길

삶이 어려울수록
간절해지는 한 사람

화인(火印) 같은 말 한 마디
아직도 생생한데

이성을 역류하며
좇아가는 가슴살

그대에게 가는 물살은
여전히 그리움으로 출렁인다

제3부

일용직 노동자

오늘은 제발
운수 좋은 날이면 좋겠다

구찌터널

아오자이 체형만 드나들게 만들어
버터 몸집은 감히 접근할 수 없는 곳

적들을 방어하는 위장전술로
무자비한 공격마저 힘을 잃는다

미로 속의 지혜로 거대한 자본을
밀어내기까지,
그 고통 어찌 다 말할 수 있으랴

다른 세상을 꿈꾼 용감한 영혼들이
구불구불 구찌터널에서
생생히 역사를 증언하고 있다

---

*구찌터널 : 베트남 전 당시 베트콩들이 캄보디아 국경 근처에 근거지를 두고 호치민을 공격하기 전 오랜 시간에 걸쳐 땅굴을 파서 만든 지하 요새.

자화상 2

2층에서 본 거리는

독성을 키운
작달비뿐이다

행여 마음 들킬세라

서둘러
커튼을 내리고

차 한 잔에
마음을 가둔다

자화상 3

셀 수 없이 많은
마음의 모서리 탓에
광대뼈까지
도드라져 보인다

무디어지기 위해
단내 나는 막걸리로
촉수를 마비시켜도

정의가 위배되는 날이면
여지없이 드러나는
날선 각

가끔은
둥근 유혹에 노출되어도
양심으로 키운 각
부끄럽지 않게

남들보다
더 곧게
더 치열하게
마음 단속하며 산다

가을, 백아산

애기가 울었다
시뻘건 눈물이
온몸에 번질 때까지
단풍이 되어 울었다

빨치산의 숨소리와
6·25의 혈투가
준험한 등성이마다 매달려
악수를 건넨다

메마른 호흡에
신음처럼 쏟아진 절규가
일찍이
그들이 꿈꾸는 열정이었을까

이념의 이데올로기로
다른 줄을 섰다가
잠시

총을 겨누고 만 백아산

상아처럼
솟아난 기암에
치석이 되어
떠나지 못한 영혼들이

가을이 되면
천지의 슬픔 데워
서로의 강을 건너느라
잉걸이 되어 뜨겁다

강물의 전설
—동천 이야기

물이 길을 낸다
너와 내가 소통할 수 있는
물길을 낸다

아침이면
빛 부신 햇살로 온몸을 씻고
푸른 잎맥과
강물의 전설을 이야기한다

나른한 오후엔
스팽글로 연시(戀詩)를 써서
못다 한 사연 휘감아
도도히 흐르는 연습을 하고

저녁이면
네가 올 수 있는 길에서
사라진 영혼들을 다독이는
강물이 되고 싶은 것은

너와 함께

이 강을 힘차게

흐르고 싶은 까닭이다

마른 나무

그대에게서
해방되지 못한 채

빛살 고운 봄날을
아프게 보냈다

몇천 년을 산다는
주목나무도 아닌데

삭정이로 남은 걸
이미 알고도

그대 심장으로
가는 길목에서

마른 호흡으로
보초를 선다

동리목월 문학관

문학계의 두 거목이
사이좋게

천년 고찰
불국사 옆구리에
합장하듯
무설전처럼 서 있다

문(文) 씨를 경작한 그곳에
여물지 않은
내 작은 씨앗을
파종하고 오는 날

저녁 내내
나는 을화(乙花)가 되어
청노루 노니는
토함산을 뛰어다녔다

능가사

사람들이 좋아
가까이
더 가까이
마을로 온 능가사

남도의 속울음 태워
빚어낸 까닭에
풍경소리마저
애처롭다

너른
해창만의 아우성
다 받아내고도
고즈넉한 모습으로 앉아

화려한 내방객을
오히려
부끄럽게 한다

작은 호수에 갇힌
즉심시불(卽心是佛)만
서성이는 바람과
동무하고 있다

마산 문학관

합포만을 사랑한 시심(詩心)이 모여
마산 노비산 자락에
궁문(宮文)으로 터를 잡았다

시대를 풍미한 작가도
이름조차 생소한 글쟁이도
평등하게 주어지는
두 뼘 남짓의 이력서 한 장

자리를 찾지 못한
수많은 문인들에게
승전보처럼 가슴 뛰게 하는
4월 어느 날

벚꽃은 바람 따라
청라 언덕배기를 내달리며
문향(文香)을 남도로 남도로
송신하고 있다

벚꽃

연분홍 때깔로
서둘러 치장하고

방울방울 등불 달아
환하게 입맞춤하는 날

강물에
둥그런 꽃뫼가 불을 밝힌다

여린 꽃잎이
유영하는 수면에

숭어리로
각혈해 꽃물 만든 벚꽃

밤이 깊을수록
내 가슴을 그리움으로 물들인다

봄

연둣빛 속살이
마실 나온 봄

신선한 물오름이
내 몸에도 번진다

넋두리로 쏟아진
허연 갈증도

마지막 입술로
잔인했던 겨울도

봄볕 아래서
스르르 허물을 벗는다

봄바람

꽃 입술을 안고
논개처럼 하강하는 날

제 몸속에
힘찬 물길을 내는
나무를 보았다

여린 것이
가지 끝까지 펴 올리는
부산한 물오름

속내를 아는 잎새가
거친 살결에
푸른 돌기를 세우면

욕망을 잠재우느라
바람은 더 세게 위장을 한다

이병주 문학관

이명산 자락
저수지를 굽어보고 있는
이병주 선생은
이념의 이데올로기를 청산했을까

마당 한쪽에
로댕을 닮은 나림상

모든 것을 초월한 모습이다

발자크를 꿈꾼 청년이
빈집에서
소설 속 주인공들과 나눈 술잔,
술잔 위에
수없이 떠다녔을 언어들

피와 살을 덧대어
한국사의 질곡을 생생하게 그려낸

이병주 선생을

지리산은 제 몸인 듯 감싸고 있다

눈 내리는 밤에

쉴 새 없이
낙하하는 하얀 꽃살에

바이없이
갇히고 마는 고단한 일상

대낮으로 초대된
뒤척이는 밤

홀로 나와서
길을 내고 나니

멀리서
눈사람으로 오는 그대

사라질세라
차마 인사도 못하고

나도
눈사람이 된다

산수유

혼자서는
제 빛깔 담아내지 못해

꽃궁 만들어
내밀히 왕관을 보이는 산수유

휘늘어지지 않는
꼿꼿한 자태에 이유가 있었구나

처연한 산동애가*가
지리산을 에둘러도

농익은 사랑
어찌하지 못해

곡예사가 되어
새빨간 희망을 잉태한 노란 춤사위

---

* 산동애가 : "잘 있거라 산동아/너를 두고 나는 간다/열아홉 꽃봉오리/피어보지도 못한 채/……"로 시작하는 곡으로 여순 사건 때 열아홉 살 백부전이라는 처녀가 불렀다는 노래.

제4부

사소한 행복

빗소리를 자장가 삼아
오수를 즐기는데

베란다 창문에 걸려
코끝을 간지럽히는 유혹

부추와 호박, 조갯살을 제물로
이웃집과 한 배를 타고나니

지글지글 행복전이
안팎으로 푸지다

사주

며칠째 소란스러운 마음
다잡을 수 없어
사주를 보러 갔다

모니터에
시선을 박고
마우스를 당기며

운명을 만들어낸
사주쟁이의
입술을 타고

귓구멍엔
벌써
근심이 들락거린다

문자메시지 유감

'카톡, 카톡'
곤한 잠을 깨우는 기계음
'잘 사니?'
단순한 안부부터
'몸이 뜨거워졌어요. 연결하시겠습니까?'라는
스팸 문자까지
늘 같은 음색으로 소통을 원한다

목소리를 듣고 싶어
문자 대신 통화 버튼을 누르면
낯익은 소리 대신
'회의 중이니 문자로 줄래?'

무딘 감정을
이모티콘으로 치장해
발송을 하고나니
핸드폰에 갇힌 관계가
아득하게만 느껴진다

법정 스님

군더더기 많은 일과를
차마 떨쳐내지 못해
멍에처럼 지고 가는 날
스님의 입적 소식이 들렸다

남도의 뜨건 피를
가슴으로 정화해
뿌리 깊은 나무로
시원한 그늘을 만들고도

더 나누지 못해
미안해하고
더 큰 그늘이 되어주지 못해
아쉬워하더니

끝내
빈손으로

가사 하나 덩그러니 두르고
불덩이 속에서
세상과 이별하였다

긴 울림으로
오래오래
만장처럼 펄럭일 한 분을
나는 가슴에 담았다

서울행

내게 서울행은
여행의 목적보다
오래된 연인을 만나러 가는
투쟁의 장(場)이다

늘 비장한 각오를
가슴에 새긴 채
남도의 신 새벽을 깨우며
졸음과 함께 가는 길

합의되지 않는
정책에 맞서
뙤약볕 아래서도
차디찬 아스팔트 위에서도

살점 같은 구호로
서울을 채우는
너와 나

나와 너의 희망 메시지

설령 부메랑처럼
되돌아온다 해도
나는
서울행을 멈추지 않을 것이다

소문

무성한 소문의 허상일까
진실을 가린 손바닥의 장난일까

생각의 음해가 가져온
먹이사슬을 찾고 싶다는 사람

타인의 입술에
얹혀사는 세월이
성벽을 쌓고
무장한 채 살게 했구나

온몸에 가시를 두르고도
아픈 줄 모르는 사람

세상 밖으로 나와
수줍게 웃고 있다

승진

정상을 앞에 두고
하산을 생각해야 하는
갈림길

열정을 비웃듯
걸림돌 천국이다

치우고 피해가며
느리게 도착한 능선에는

차마 볼 수 없는
요지경이 기다리고 있더라

지갑

—독백

카드 잔치로
모처럼 포만감에 젖는 날

거멓게 타는
마이너스 인생이

가슴에 닿지 못하고
표류하고 있다

끊임없이
내핍을 강요해도

정강이 힘줄마다
버거운 소리

가난한 행복은
내 것이 아니었다

5·18 기념관에서
—찔레꽃

달빛에 앉아 있는 찔레꽃이
눈부시게 애잔하다

휘늘어진 가지에
무리 지어 둥지 튼 순백의 영혼들이

밤 마실을 나와
하나하나 기록물을 확인하며

젊은 피가 남긴 유산을
신호병처럼 지키고 있다

술 3

그리운 사람처럼
이유 없이 생각날 때가 있다
몸을 자극하는 소리가
듣고 싶을 때가 있다

조용한 고샅을 깨우며
비틀거리던 아버지가
슬픈 넋두리를 반복하며
잠을 내려놓지 못한 밤

아버지처럼 되지 않겠다며
무장을 거듭한 탓에
여태 마음껏 술을 마시지 못했다

어느 날, 오기를 부리다
직조되지 못한 기억을 만들어
탈출을 꿈꾸는 내 안의 것들을
모두 보내주었다

일상의 무게가
결코 가벼워지지 않았지만
술잔을 배회하는 마음에
소통이 되어주는 술자리가 나는 좋다

술 4
—막걸리 집

밀주를 만들던
기억 따라 찾아 왔을까

듬직한 체구로
주모에게 선택되었을까

시골 앞마당의 절구통이
막걸리 집에 둥지를 틀었다

주정뱅이를 둔 아낙도
셋방살이 윤 씨도

따뜻한 건배로
위로받는 허름한 술집

절구통에 수북하게
사연이 쌓이는 날이면

질펀한 굿판이
새벽까지 그칠 줄 모른다

술 5

세일즈가 남긴 것은 빚뿐이라며
술잔으로
눈물을 받아내는 사람

얼마나 힘들었을까

애처로운 마음에
다독여주다가
악바리 근성이 없는
뒷심을 탓해보다가

끝내 술의 노예가 되어
비틀거린 세상을
마주하고 말았다

시를 쓰다가

시를 쓰다보면
욕심 많은 나를 자주 만난다

걸작을 남기고픈 마음
너무 간절하여

퇴고를 반복하다
길을 잃기도 하고

시어(詩語)를 찾다가
옛 연인을 만나
웅어리진 내 역사도 마주한다

그럴 때마다
시작(詩作) 노트를 덮고

꿈속 비행을 해야 하는
나는 가난한 시인

안방

내 역사를 담은 안방엔
또 다른 나의 얼굴이 숨어 산다

굴곡진 삶에 흠집 나고
손때 묻은 것들이 많아도

그 닳아짐이
오히려 어울리는 방

격정과 풍랑이
넘나드는 길목이었지만

마음 깊은 곳
불씨 꺼내보니

향기로운 불혹이
덩그러니 누워 있다

외면

서른 해를 같이하며
닦아놓은 길에
예고 없이 틈새가 생겼다

철저히 통제되어
건널 수 없는 길에는
잡초가 무성하고

고립되어가는 우리는
다른 길을 찾아
더 많이 분주해졌다

살다보면
해후의 시간을 만날 수 있을까

노승의 푸념 같은 소리에
나이테를
또 하나 두른다

우울한 날에는 세탁을 한다

우울한 날에는
무작정 세탁을 한다

입었던 옷가지를 꺼내
주물러 빨다보면
해갈되지 못한 가슴과
못다 한 애증의 거품이 미끄러지며
절규를 한다

엉킨 옷감에서
내 몸으로
홍건히 전해오는 아픔

헹구어 비틀어 짜는 찰나
감정의 부스러기가
줄행랑치며
살아갈 힘을 장전시킨다

해설

영혼의 상처, 그 위에 시를 채색하다

김선주 문학평론가 · 건국대 교수

1.

시가 읽히지 않는 시대에 시를 쓴다. 정의가 사라진 시대에 참된 지성을 찾아 광야를 횡단하여 나아간다. 시인 고유의 영역인 사유의 특권을 유린당하여 소통의 부재 속에 상업성으로 길든 황폐한 삶이 즐비하다. 리 호이나키는 서구 문명사의 중심에서 문명 이데올로기의 지배를 떠나 변방의 삶을 체험하기 위해 불편한 대지로 진입한다. 어쩌면 그가 말하는 "과학에서 시(詩)로"라는 외침이 배영숙의 시 세계와 연결된다.

오늘날 지구를 구하고자 하는 대부분의 행동은 과학에 의존한다. 즉 그에 선행하는 과학적 발견과 분석으로 합리화된다. 이를테면 사물을 볼 때 그 사물과 상호 연관되고, 서로 맞물린

시스템을 상상하지 않으면 안 된다. 이러한 맥락에서 오늘날 '생명'이라고 불리는 어떤 것을 지지하거나 유지하기 위해 과학적 시스템이 고안되어야 한다.

독일의 어느 과학자는 천체망원경이나 현미경 등의 도구 대신 끊임없는 경험과 관찰로 자연현상을 재구성하여 연구서를 작성한다. 그는 일상에도 놀라움과 수수께끼가 가득하다고 믿는다. 오늘날 새롭게 발견할 것들이 많으며, 먼지 아래에도 세상이 별 관심을 두지 않고 무시해온 아름다운 존재들이 살아 숨쉰다고 이야기한다. 이는 시인의 감성을 지닌 과학자의 눈으로 인류 자연현상을 바라보는 특징 있는 관심사라고 할 수 있다. 뭇사람은 자신과 밀접한 관심이나 물질적 그 어떤 반대급부의 요인으로 작용하지 않는다면 쉽게 외면해버린다. 그러나 시인은 미적 관찰을 통해서 성취한 언어의 힘으로 세상과 만난다.

시와 과학, 보통 사람은 이 두 장르를 거리가 있어 무관한 영역으로 생각한다. 그런 점에서 이 둘을 엮어보려는 작업은 자못 도전적이고 흥미롭다. 더구나 요즈음 인문학적 기술과의 융합이니 통섭이니 하는 말이 세상을 떠돌고 있지 않은가. 이것이 바로 21세기에 시가 생존하는 현장이다. 이런 상황에서 시인은 시를 쓰고 읽어낸다. 과학이 세상을 주도하는 것처럼 착각하는 시대에 리 호이나키는 "시에 과학을 물어야 한다"고 주장한다.

2.

시인은 순전히 자신의 감각 속에서 살아갈 방법을 모색한다. 하나의 장소에서 흙에 뿌리를 내리고 살아가기를 시도한다. 우리는 시인의 비전을 공유하면서, 매일매일 자신의 직관을 예리하게 만들 수 있다. 자기탐닉의 습관을 극복하여, 좀 더 소박하고 우아한 삶의 기쁨과 우정을 나눌 가능성을 연다. 그러나 감각과 경험이 시간과 장소와 사람에 따라 다르듯이, 흙과 시의 성격도 다르다. 여기에 각자가 해결해야 할 과제가 생긴다. 즉 저마다 감각을 찾기 위해 서로 도우며, 상대에게 귀 기울이며, 각자의 흙을 발견하고, 각자의 감수성에 반향을 일으키는 시적 이미지의 힘을 발견하고 즐겨야 한다. 이쯤에서 시인이 들려주고자 하는 내면의 소리(詩)에 귀 기울여본다.

석양이 내려앉은 바다는
끝없이 차오르는 마음을
태워서 가둔다
마음 가는 대로 살고 싶어
경계를 기웃거리면
한 사람에게만 송전되는 마음
알고 있다는 듯
너른 뻘밭에 물시위하며

가로질러 온다

염치도 없이 도지는 그리움도
어머니의 생명과 같은
바다와 마주하면
잠시 머뭇거리기도 하나
잘라내고 또 잘라내도
시멘트 바닥에 뿌리내린 잡초처럼
땅을 넓혀가는 나의 사랑

그만 아파하자
물살도 아프다

—「아픈 이름을 위하여」 부분

요즘은 생명, 생태, 치유를 위한 콘텐츠의 개발이 활발한 시기다. 하지만 문학에선 그 수가 협소한 실정이다. 무엇을 위한 문학이고 시인가?

에코페미니즘은 생태학과 페미니즘이라는 두 가지 문제의식에서 비롯된 거대한 여성운동의 일부다. 또한, 생태학과 페미니즘의 투쟁이 평등의 지속과 인간 존엄성을 유지하는 열쇠라고 확신한다. 땅을 보호하는 운동에는 과거부터 지금까지 많은 여성이 관여했다. 숲을 보호하기 위한 칩코 운동, 또 인도의 나르마다 강 댐 건립에 반대하는 운동을 이끈 것도 여성들이었고,

미국에서 환경운동의 기원이 된 러브카날의 화학폐기물 반대 투쟁도 여성들이 주도했다. 공동의 땅을 보호하기 위한 지역운동이나 도시의 공공장소를 확보하기 위한 투쟁과 건강한 먹거리를 위한 운동 등에 여성들이 참여하고 있다.

최근에는 에코-생태(생산, 회복), 페미니즘-생산, 보존이란 맥락에서 보면 일맥상통하는 부분이 있어 문학의 방향을 다시 세우자고 제기한다. 그런 면에서 배영숙의 시집 『아픈 이름을 위하여』의 경우 에코페미니즘적인 요소를 품고 있다. 유숙열은 에코페미니스트에서 남성문화가 빚어낸 허와 실을 분명하게 짚어낸다. 남성문화는 독재정부를 수립하고 인류의 대량학살 전쟁을 촉발했고 땅을 파괴하고 중독시켰다. 최초의 에코페미니스트들은 과학기술의 발달이 여성 건강에 미치는 영향을 맹렬히 비난하고 군사주의와 환경파괴에 대항했다. 그들은 이런 모든 것들이 성차별적인 문화의 폐해라고 말한다. 또한, 여성을 생명의 담지자로 보고 여성과 원주민을 가난하게 만드는 서구의 잘못된 개발정책을 비난했다. 여성과 원주민은 자연 파괴의 첫 번째 희생자였기 때문이다. 그 선상에서 배영숙은 어머니의 생명 같은 바다가 있는 한 그만 아파해도 된다고 위로한다. 언제나 달려가 맞을 수 있는 그리운 고향 같은 흔적이 있기에 그나마 괜찮다고 다독인다.

모든 사람과 사물은 세대교체와 사라짐을 반복하기 마련이다. 어려움도 슬픔도 죽을 것 같은 고통과 고뇌도 역사의 뒤란으로 사라지는 것이 순리다. 그러기에 시인은 '우리의 역사를 슬프게 기록하지 말자'고 언약의 손가락을 내민다. 이 시대의 부적응자도 영원히 주변인으로 전락할 것 같은 이방인도 알고 보면 우리와 같은 형제다. 역사의 한 페이지가 지나가면 흥망성쇠, 부활은 반드시 제자리에서 또 다른 향기 만발한 꽃을 만개할 수 있기 때문이다.

그대에게서
해방되지 못한 채

빛살 고운 봄날을
아프게 보냈다

몇천 년을 산다는
주목나무도 아닌데

삭정이로 남은 걸
이미 알고도

그대 심장으로
가는 길목에서

마른 호흡으로

보초를 선다

—「마른 나무」 전문

위 시에서 인용하는 "그대"는 우리에게 해법을 제시한다. 전 작품에서 에코페미니즘적 형태로 해석하였다면 시인에게 있어 '그대'는 어머니이자 절대자로, 첫사랑의 가슴앓이로 남은 연인, 혹은 풍만한 가슴을 지닌 깊은 숲일 수도 있다.

인간만큼 이기적인 대상도 없다. 또, 인간만큼 교만한 피조물도 없다. 그 교만이 바로 자신을 죽이고 형제를 죽이고 사회의 질서를 무자비하게 망가뜨린다. 끝 모르게 질주하는 시대에 주목이 아닌 삭정이로 생명을 다하는 인간에게 가해지는 수모, 핍박, 혐오, 하대 등의 감정표현은 천민자본의 심각한 폐해다. 그런데도 시인은 이 시를 통해서 그들의 삶을 끌어안고 보듬는다. "그대 심장으로/가는 길목에서//마른 호흡으로/보초를 선다" 이만한 아군이 있을 수 있을까. 다들 외면하는데 자신의 겉옷을 벗어 어깨를 덮어준다. 모두 경쟁의 대상으로 치부하고 짓밟는데, 따뜻한 차 한 잔 건네며 위로한다. 시인에겐 이처럼 신분과 환경을 초월하여 참된 의식이 살아 있기에 생명을 잉태한다. 그를 방해하고, 살육하는 압제자에게 자신의 온몸과 영혼을 던져 진리를 쟁취하고자 애쓴다. 이것이 바로 그 누구도 흉내 낼 수 없는 지킴의 미학을 "보초"로 표현한 사랑과 희생의 정신이다.

3.

삶이 어려울수록
간절해지는 한 사람

화인(火印) 같은 말 한마디
아직도 생생한데

이성을 역류하며
좇아가는 가슴살

그대에게 가는 물살은
여전히 그리움으로 출렁인다

—「그대에게 가는 길」 전문

작품 속 그리움의 대상 "그대"는 누구일까? 이 시대의 궁핍한 현실을 살아가는 우리의 자화상, 누구나가 이 시에서 지칭하는 그대가 된다. 「그대에게 가는 길」은 시대의 현실적 상황을 여과 없이 드러낸다. "화인(火印) 같은 말 한마디/아직도 생생한데//이성을 역류하며/좇아가는" 삶, 이것이 현실이다. 표독한 언어를 발설하지 못하는 이들은 늘 약자로, 용기 없는 자로, 피지배자로, 경계인 혹은 주변인으로 불린다. 때론 노숙자로, 비정규직으로, 패배자로 전락한다. 감성보다 이성이 발달한 무한 경쟁의 대열에서 간혹 일탈을 꿈꾸지만 역부족이다. 이내 형편없이 매도되는 현실에서 삶의 어려움이 간절해질 때, 즉 누구 하나 따듯한 가슴을 내어주지 않고 등 돌릴 때도 시인은 그들 한 사람 한 사람을 생각한다. 자칭 또는 타자가 정해놓은 이 시대 비주류의 생을 일컫는 이들을 시인은 우주적 마음으로 품는 것이다.

그들이 누구이든, 어디에 있든 시공을 초월하여 사랑하고 함께하고 싶은 의지적 고백이 명백하게 기록돼 있다. 그 도구, 길은 바로 그리움이다. 혹자는 그리움을 상투적 어법으로 사용하기를 즐기지만, 시인에게 있어 "그리움"은 경계 없이 마음껏 다가설 수 있는 제트 엔진이요, 바람이요, 물이다. 그동안 뭇사람이 숱하게 남발해 왔기에 다소 식상한 듯 익숙한 표현이지만, 누가 뭐래도 시인은 그 보편적 진리를 이 작품에서 그대로 수용한다.

까막눈을
시대의 아픔이라 여기며
많이 부끄러워하지 않았다

모르면 모른 대로
물어가면서
조금 천천히 가면 될 일이었다

어느 날 살붙이가 모두
집을 떠나고서야
까막눈이 슬퍼졌다

내 나이 쉰하고 스물
호미를 연필 삼고
밭이랑을 공책 삼아
가갸거겨를 쓴다

은행창구에서
입출금을 하고
고지서를 해독할 날을
생각하니

푸석푸석한 몸에서
쿵쾅쿵쾅
심장 뛰는 소리가 난다

—「까막눈을 고백하다」 전문

위의 시는 누군가의 서사를 한 편의 작품으로 승화한 고백적 문구로 이뤄진다. 이 시에서 "까막눈"의 정체가 누구인지 모르지만, 아마도 시인이 살아왔던 동시대의 어머니, 이웃 아주머니 혹은 아저씨일 게다. 일반적으로 시인이 피할 수 없었던 조국이

안고 있는 불우한 정서임에 분명하다. 그러나 도움을 줄, 그 무지를 대신해 줄 피붙이가 떠나는 날 비로소 까막눈이 불편해지기 시작했다. 아니 화자에게 슬픔이 찾아온 것이다.

시인은 풍요로운 공간으로 한 사람을 인도한다. 그것이 바로 '대지'이자 '전원'이다. 여기서 가스통 바슐라르를 떠올리게 한다. "대지 그리고 휴식의 몽상"에서 인간의 상상력은 근본적으로 물질적이며, 그것은 물과 불, 공기와 흙의 네 가지 원소로 분류할 수 있다는 이른바 4원소설이다. 우리는 거기서 흙의 속성인 질료로서의 물질적 이미지를 그릴 때 마음속에서 일어나는 역동적인 인상을 어렴풋이 포착한다. 노동하는 인간의 가치가 돋보이는 것도 사실 가스통 바슐라르의 '흙'으로부터 근거를 찾을 수 있다.

사람도 자연의 일부요, 생명체와 연속되어 있기에 어느 정도 자연에 대한 도덕적 의무감을 지닌다. 생명의 복원, 휴식, 치유의 근원지에서 훈련을 통해 무지의 극복을 경험한 화자가 문명의 현란한 지대에서 자기 신념을 지켜야 한다.

4.

이삿짐을 보낸
빈집에서

나를 닮은
못을 보았다

반항하다
기형이 되어

따라가지 못하고
혼자 남아서

날카로운 비수를
제 몸으로 삭히고 있다

타인의 가슴에
대못이 되었을 내 언어도

어디쯤에서
저러고 있겠지

속죄하듯 못을 빼고 나서야
나는 조금 자유로워진다

—「못」 전문

누구나 한 번쯤 이사의 경험이 있을 것이다. 직·간접적으로 이삿짐을 나르며 삶의 현장을 이동할 때 흔히 볼 수 있는 것이 벽면에 단단히 박힌 못이다. 이처럼 시인의 예리한 감각은 망각의 허울 속으로 버려지기 쉬운 못에서 자신의 모난 삶, 의식, 철학, 인생관과 인간관계를 발견한다.

평소 이사하기 전에는 벽면이 2차원으로 포장돼 있다. 도배지로 또는 가구로 아름답게 무장하여 말끔한 자태를 내보인다. 그것은 표면의 삶만 추구하는 우리네 모습과 닮아 있다. 마치 그것이 행복의 중심인 것처럼 착각하기도 한다. 그러나 이삿짐을 다 보내고 나면 아무리 고가의 저택이라도 그처럼 볼품없는 것도 없다. 여기서 화자의 시선은 벽면에 단단히 박혀 있는 못을 향하게 된다. 그는 이삿짐을 빼고 출발하기 전 정들었던 집 내부를 다시 한 번 돌아본다. 그동안 생활의 온기가 남아 있는 곳에서 아쉬움과 회한에 젖는 순간이다. 그 벽면에서 가족사진과 명화 또는 매순간 규격 아래 살게 했던 벽면의 시계나 달력이 걸려 있던 그 자리에 목을 매고 남아 있는 못들……

화자는 그곳에서 "나를 닮은/못을 보았다"라고 노래한다. 간혹 생계 문제로 애를 태우고, 가족 간에 갈등을 빚고, 우울과 경쟁 속에서 시기와 질투로 얼마나 영혼을 더럽히고 상처를 남겼는지 반추해본다. 시적 감성을 지닌, 따듯한 휴머니즘의 촉각을 세운 이들만이 느끼는 자성의 기회이다. 이것이 우리가 피할 수 없는 속성 아닌가.

이 작품에서 아포리즘적인 사유를 엿본다. 이를테면 6연의

"타인의 가슴에/대못이 되었을 내 언어"가 그렇다. 정작 사랑의 대상은 외부에 있기에 나의 지배나 파악을 벗어나 있다. 애당초 내가 지배하고, 파악하고, 통제 가능한 것은 사랑의 대상이 될 수 없다. 나를 똑바로 바라보고, 결코 나에게 몸을 맡기지 않는 것, 그것만이 나의 욕망에 불을 붙인다. 그러나 누구도 사랑할 요건이 갖추어졌다고 해서 사랑하게 되진 않는다. 오히려 사랑은 이성보다 감성으로 느닷없이 다가와 숙명처럼 느껴진다.

이처럼 위의 시는 타인의 가슴에 대못이 되었을 내 언어로 속죄 혹은 치유, 그리고 앞으로 어떤 언어를 나누고 섬겨야 할지 방향을 제시한다.

밤바람에
실려 온 갈 소리

갯가에 발을 묻고
심장에 노크를 한다

수많은 애증이 울음을 타다
바이없이 떠난 자리에서

달빛에 무너지며
쉼 없이 이어지는 취중(醉中) 한담(閑談)

—「순천만·13」 전문

간혹 일상을 떠나 낯선 곳에 머물고 싶을 때가 있다. 무엇 때문인지 각자 사연이 있겠지만, 그 감성의 날개는 뜬금없이 내 안에서 퍼덕이며 자아를 괴롭힌다. 그래서 인간은 사유하는 대상이며, 어느 날 떠났다가 다시 돌아와 정체성을 찾아 고뇌한다.

배영숙은 순천을 생활 근거지로 삼고 시를 쓰는 시인이다. 순천만 갈대숲과는 도저히 뗄 수 없는 깊은 인연을 안고 살아간다. 이곳은 시적 감성과 발상의 전환을 불러올 광맥이자 보고라고 할 수 있는 시의 맞춤 지역이다. 갈대 소리를 들으며. 갯가에 발을 묻고 심장에 노크하면서, 살아온(살아갈) 길에 대하여 노래한다.

수많은 애증의 울음바다, 그것은 옛적의 바닷물도 또 이전 갈대의 몸짓도 아니니다. 스쳐 간 바람 역시 순간을 열어주고 달아난 옛 바람의 향기와 확연히 다르다. 이는 시인의 마음속 너울과 노을만은 아니다. 짙은 감성의 물결 위에 이 사람의 영혼에서 저 사람의 영혼으로 물길 져 오르는 순천만의 신화가 탄생한다.

순천만에 가 보라, 그곳에서 배영숙의 시집을 보며 이야기에 취해보라. 그의 가슴에서 붉게 타오르는 노을과 함께…

이 도서의 국립중앙도서관 출판시도서목록(CIP)은 서지정보유통지원시스템 홈페이지(http://seoji.nl.go.kr)와 국가자료공동목록시스템(http://www.nl.go.kr/kolisnet)에서 이용하실 수 있습니다.(CIP제어번호: CIP2015030657)

문학의전당 시인선 218

아픈 이름을 위하여

초판 1쇄 인쇄 2015년 11월 16일
초판 1쇄 발행 2015년 11월 23일
지은이 배영숙
펴낸이 고영
책임편집 이현호
디자인 헤이존
펴낸곳 문학의전당
출판등록 제311-2012-000043호
주소 서울시 은평구 연서로11길 7-5 401호
편집실 서울시 마포구 마포대로 127, 413호(공덕동, 풍림VIP빌딩)
전화 02-852-1977
팩스 02-852-1978
블로그 http://blog.naver.com/mhjd2003
전자우편 sbpoem@naver.com

ISBN 979-11-5896-011-7 03810